Psychart-thérapie

(Ecrits théoriques)

ISBN-13 :978-1534846876

Couverture : Tableau de

Zirignon GROBLI

Zirignon GROBLI

Psychart-thérapie

(écrits théoriques)

A ma grand-mère Osie qui était une potière

Qu'est-ce que l'art-thérapie ?

L'art-thérapie (d'inspiration analytique) voit le jour dans un monde réduit aux dimensions de « village planétaire » ; dans le contexte, il faut le préciser, de la « civilisation occidentale » qui a anéanti toute diversité culturelle et proclamé la « mort de Dieu ». C'est dire que cette modalité d'art-thérapie, qui procède de la psychanalyse freudienne, intéresse nécessairement les hommes de toutes les contrées du monde : aussi bien les sous-développés que les super développés, confrontés sans distinction à l'angoisse panique de survivre dans une culture monolithique qui a « perdu ses repères ».

Ce n'est pas seulement le contexte de civilisation marquée par la violence, les guerres, les conflits de toutes sortes, le terrorisme, l'absence de repères et d'espoir, qui ont favorisé la promotion de l'art-thérapie, la benjamine des psychothérapies.

Ce qui rend nécessaire l'art-thérapie, c'est le manque criant d'une thérapie adaptée. En effet on reproche à juste titre à la psychanalyse d'être très longue, d'être coûteuse, de ne prendre en compte que l'expression verbale et son principe fondateur : le « complexe d'Œdipe » dont on doute de plus en plus du référent paternel.

Aussi bien, dans le contexte de cette civilisation, régie par la dictature du « plus-de-jouir », (principe de la civilisation dite de consommation), l'art-thérapie d'inspiration analytique s'est-elle vue contrainte d'élaborer une stratégie fondée sur la mise en œuvre des pulsions de destruction-jouissance et leur maîtrise symbolique nécessitée par le sentiment de culpabilité dépressive. Celui-ci est à l'origine de l'invocation du patient à la médiation salutaire du Nom-du-père et de l'émergence du désir de réparation par l'activité créatrice de formes préverbales (langage sans paroles). En effet, le statut de « père » étant définitivement disqualifié, l'homme d'aujourd'hui est un être envahi et pris en otage par ses pulsions de jouissance-destruction. D'où le vécu de déréliction dont il est l'objet et auquel il cherche désespérément solution : par quels moyens se libérer de cet état de menace psychotique qui le hante en permanence ? Et comment retrouver l'espérance perdue et l'enracinement dans le monde ?

C'est en réponse à cette interrogation que l'art-thérapie a mis sur pied sa technique basée sur la destruction symbolique au lieu de la métaphore où le patient est appelé à projeter les pulsions qui taraudent son organisme. Le support artistique devient alors une sorte de ring où le patient-thérapeute va livrer avec le sous-tien de l'art-thérapeute porteur de phallus une guerre sans merci à ses persécuteurs internes projetés devant lui par la magie de l'imagination.

C'est ici le lieu de mentionner à quel point la situation du patient abandonné aux persécutions de ses pulsions sadiques évoque celle de l'infant dans la phase non-verbale du développement. Cette phase où l'enfant ne dispose pas de langage verbal pour communiquer ses ressentis, n'a pas d'autre solution que de les exprimer par le « langage du corps » : colites, constipation, diarrhées, gaz, asthme, vomissements, anorexie, obésité, inhibition musculaire, tristesse, etc.

Il faut voir dans le support artistique, (en art-thérapie) la métaphore du « corps-symptôme » de l'infant. L'art-thérapie se préoccupe donc d'explorer et d'exprimer par la voie du graphisme la phase non-verbale que le patient a gardée de son enfance faute de la médiation d'une mère symbolique qui aurait converti ses pulsions prégénitales en paroles.

L'art-thérapeute est le substitut de la bonne mère (symbolisée) qui va favoriser la transposition de la jouissance au plan de la métaphore, sa mise en formes plastiques et leur expression en langage verbal pour l'être fixé à la phase non-verbale.

L'objectif sera donc atteint lorsque le patient aura réduit en déchet le support représentant de la mère anale et qu'il éprouvera un sentiment de triomphe généré par le vécu de toute-puissance mégalomaniaque. L'évolution normale de l'homme postule en effet l'expérience d'un vécu de toute puissance préalable à celle de la désillusion non moins nécessaire.

C'est (éventuellement) sur l'instigation du thérapeute que va émerger le sentiment de culpabilité dépressive qui sanctionne le matricide. Culpabilité dépressive dont l'effet salutaire est d'en appeler à la médiation du père ab-sent.

Ainsi, le « Père mort » est-il ressuscité par l'amour de l'enfant en mal de protection contre les abus de la mère toute-puissante. En résulte le désir de réparation dans l'activité créatrice médiatisée par le Nom-du-père dont les formes préverbales sont les produits. L'être pervers connaît donc l'édification en renonçant au plus-de-jouir au moyen de la création réparatrice.

La particularité de la démarche en art-thérapie réside dans son souci d'évacuer les pulsions sadiques à l'origine de la désorganisation de la personnalité, dans l'éveil du sentiment de culpabilité facteur de résurrection du « Père mort », dans la restructuration des déchets en formes préverbales, messagères d'espoir. La finalité de l'art-thérapie est donc d'assurer la maîtrise symbolique du chaos pulsionnel et d'introduire l'homme au Système symbolique sur lequel règne la Loi.

On ne résiste pas à la tentation de rapprocher le langage primordial et le Christ en tant que médiateurs envoyés pour porter la Bonne Nouvelle dans le monde.

Du « fondement » de l'art-thérapie

Ayant le « vécu » que ce monde est un lieu de souffrance, l'homme a toujours phantasmé des doctrines de sauvetage dans les religions et dans les idéologies sociales : l'Histoire est le procès de cette volonté de soustraire son être de la « Tourmente » et de vivre dans une société réconciliée avec elle-même.

Aujourd'hui, que trouve-t-on, après les parenthèses douloureuses du marxisme auquel on reproche de ne pas avoir réussi son projet de société (pour avoir cru que la terreur exercée par la « dictature du prolétariat » changerait les hommes en les débarrassant une fois pour toutes de leurs pulsions capitalistes à l'accumulation des richesses) et de la psychanalyse (à qui on ne pardonne pas la durée de son traitement et ses guérisons aléatoires) ? Mais pouvait-il en être autrement, dans le cas de cette dernière, pour une technique qui s'appuie sur un père phantasmatique pour articuler ses discours sur le mode faussement symbolique ? Privé de l'outil idoine pour sortir le patient de la clôture imaginaire où l'enferme la mère toute puissante, le psychanalyste qui parle de « castration symbolique », dans un discours vide, ne pouvait pas atteindre son objectif : la guérison exhaustive. Car c'est la création des formes préverbales et

11

la structuration qui résultent de la castration symbolique qui produisent l'effet de guérison.

Actuellement en vogue, la « thérapie par l'art », est l'espoir de sauvetage qui cristallise les rêves de Humanité déboussolée en cette période de Crise profonde que les « maitres à penser » n'hésitent pas à voir comme « la fin de la civilisation judéo-chrétienne ».

Faisant partie de ceux qui, avec l'équipe de Saint-Anne de Paris, ont officiellement porté cette nouvelle thérapie sur les « fonts-baptismaux » (au séminaire inaugural de Dakar en 1998), et ayant commis à ce jour une vingtaine de livres sur le sujet, nous croyons devoir nous interroger sur le destin de cette prise en charge qui fait actuellement fureur dans toutes les parties du monde, au point que, en France, certaines écoles d'enseignement, de formation et de prise en charge en art-thérapie ont reçu l'agrément de l'Etat. Les critères de certification?

L'humanité a été trop souvent victime de faux espoirs et nous pensons que nous avons le devoir de lui épargner de nouveaux traumatismes !
C'est pourquoi, nous qui nous sommes aventurés sans référent sur les terres inconnues de l'art-thérapie, en nous « sous-tenant » du seul imago de la mère symbolique (acquis pendant notre cure) nous croyons pouvoir

témoigner que la psychanalyse est le préalable à l'activité artistique en art-thérapie.

C'est en effet en me sous-tenant de ma relation avec notre psychanalyste (paix à son âme) que j'ai éprouvé le désir de m'aventurer sur les terres inconnues du système préverbal pour élargir le champ de nos investigations heuristiques et thérapeutiques.

A l'origine de notre intérêt pour l'art-thérapie, il y a donc le désir de liquider un symptôme résistant à l'analyse (agoraphobie) avec le concours, nous en avions l'intuition , de l'activité musculaire, grâce à la médiation du support artistique, comme le fait l'enfant dans son environnement lorsque, porté par l'imago de la mère symbolique, il s'éloigne du corps de celle-ci pour symboliser l' « angoisse de séparation ».

L'art-thérapie est le résultat du déplacement sur le support de l'activité d'exploration par l'enfant du corps de la mère symbolique.

Les traces de matière picturale qui résultent du « dialogue » avec le support constituent les équivalents symboliques des traces plus ou moins « lisibles » que les explorations de l'enfant inscrivent dans l'environnement. En tant que produit du déplacement de celles-ci dans le champ de la métaphore (du substitut imaginaire du corps de la mère) l'art-thérapie ouvre la voie à l'activité créatrice de représentations symboliques ou formes préverbales : « constituants » de la structure du Langage dont l'ordonnancement a pour effet de liquider du « faux self », ici l'agoraphobie qui disparut grâce à la maitrise de la métaphore de nos pulsions anales-sadiques sur le support, symbolisées par une stèle que nous avons baptisé « gardien de l'Espace ». Nous en avons déduit que notre agoraphobie était le résultat de notre relation inconsciemment sadique à la société !

Cette démarche autorise à dire que l'art-thérapie s'avère la voie royale de la « refondation » dans cette société aliénée où le Langage, structure de l'être humain, a perdu sa fonction de communication pour être réduit au rôle d'instrument de jouissance et de domination.

L'activité plastique créatrice de langage authentique

C'est l'expérience personnelle qui m'a conduit à me servir de l'activité plastique comme moyen thérapeutique. Convaincu de l'intérêt de cette méthode d'approche, je l'ai étendue à quelques patients qui le veulent bien, mais sans la systématiser.

A la suite d'une longue analyse suspendue, pour « raisons financières », je me suis trouvé dans l'obligation de poursuivre ma thérapie par la voie de l'activité artistique. Cette solution s'est imposée à moi. Je me trouvais dans un état d'angoisse et d'agressivité où l'usage de la parole et son exploitation thérapeutique me paraissaient vaines. A l'origine donc de mon recours à l'Art comme moyen thérapeutique, il y a un désir inconscient de transgression de la pratique orthodoxe, transgression que je n'ai assumée pleinement qu'en faisant appel à la théorie analytique elle-même. C'est l'évocation du stade sadique-anal qui m'a convaincu du bien-fondé de ma démarche.

Si, pensai-je, après huit ans d'analyse, l'intérêt de la parole pâlissait à mes yeux pour laisser la place à l'agir, c'est bien parce que j'entrais régressivement dans la phase pré-verbale. Mon angoisse oedipienne ainsi apaisée, je résolus de m'installer tranquillement dans le stade anal que j'identifie à mon stade d'évolution.

L'intérêt heuristique que je ne soupçonnais pas, et que ma nouvelle pratique me fit découvrir, c'est la jouissance que procure la manipulation de la matière. La libre manipulation des peintures coulantes ou sous forme de bâton de craie ou pastel, m'a fait régresser (psychologiquement) à l'état de l'enfant jouant avec les substituts de ses matières qui, on le sait, symbolisent la mère phallique.

Je ne sais pas comment les peintres professionnels s'y prennent pour accéder d'emblée à la créativité. Quant à moi je restai longtemps sous la fascination de ces matières picturales, avec lesquelles j'entretins longtemps une relation de manipulation qui me procurait une immense jouissance.

Cette manipulation stérile, je l'identifiais comme une destruction dont la négativité finit par me culpabiliser. Devenu conscient de la toute-puissance de mes pulsions sadiques-anales, avec l'aide des acquis de la psychanalyse verbale, je m'efforçai alors de m'interdire la jouissance du « tout » et de préserver des « restes ».

La vérité m'oblige à mentionner que l'enseignement de Jacques Lacan et l'identification à ce maître, mari symbolique de mon analyste, m'y ont beaucoup aidé.

Je poursuivis mon activité artistique par « association libre » des matières pour la jouissance de détruire les formes que je faisais émerger. Mais à cette étape de ma pratique, ayant intégré le Verbe, je veillai à laisser des restes significatifs, en général des traces de visage. De là la dénomination de « beaux-restes » que je donne à mes tableaux.

Le Verbe est donc le principe fondateur de ces « restes » significatifs dont la fonction est de symboliser l'interdit. C'est ainsi que l'activité artistique authentique introduit le créateur à un système symbolique articulé sur sa propre expérience, système symbolique dont l'intériorisation à la faveur de l'interprétation va structurer son « moi » préverbal et le faire accéder de plain-pied au champ verbal.

Ce point de vue thérapeutique se fonde sur l'idée de la nécessité de la régression dans certains cas. Il postule un « défaut » dans l'évolution du patient. Cette demande régressive pourrait (pourquoi pas) « descendre » jusqu'au stade oral dont le mode d'être n'est pas sans conditionner celui du stade anal, dans l'intérêt supérieur d'une restructuration de la personne, restructuration où l'analysant serait appelé à jouer un rôle actif au lieu de subir l'éducation comme cela se passe généralement.

Comme on le voit, il ne s'agit pas de réformer la psychanalyse ni de créer un autre type de thérapie. Une quête légitime de « bien-être » nous a conduit à prendre en compte la théorie d'évolution de la personnalité telle que le créateur de la psychanalyse l'a dégagée. Ce retour à Freud a eu pour nous des effets positifs, c'est pourquoi nous avons commencé à l'appliquer à nos patients.

L'introduction de l'activité plastique dans la psychothérapie n'est pas sans poser problème.

La plupart du temps les patients adultes hésitent au départ. Il semble qu'ils aient honte de devoir s'abaisser à ce niveau supposé réservé aux « tout-petits » ? « A mon âge ! » les entend-on souvent murmurer. Toutefois, en progressant dans leur psychothérapie, ou parce que justement elle ne progresse pas, ils feront à un moment donné l'expérience qu'un noyau de leur personnalité, responsable de leur pathologie, échappe au filet de la parole et exige la médiation du geste susceptible de favoriser la décharge motrice de leur sadisme refoulé.

Dans ces moments-là, une patiente européenne, d'une quarantaine d'années, que nous appellerons Georgette éprouva d'elle-même le besoin de représenter les figures qui hantaient ses nuits et l'empêchaient de dormir en paix. Des êtres fantomatiques qui se projetaient sur les portes et fenêtres et donnaient l'impression de faire intrusion dans sa chambre. Elle allumait la lumière, pour se rendre compte qu'il n'en était rien.

Après une analyse axée sur ces représentations qui la renvoya à un viol collectif qu'elle avait subi plusieurs années avant, ses hallucinations hypnagogiques disparurent mais elles furent relayées par une angoisse de « mort brutale » qui se traduisait souvent par la peur d'être écrasée par un engin de mort, sorte de corbillard ambulant, conduit par un homme sans visage, noir de peau.

Associant sur la représentation plastique qu'elle fit de ce fantasme, elle en vint à parler de ses rapports avec son père, qu'elle jugea « anéantissant » pour elle. Elle n'avait jamais pu exister devant ce père, un homme sadique, selon elle, et qui ne reconnaissait aucun droit à l'enfant qu'elle était. L'image de ce père intrusif, sadique, se projette inéluctablement sur la personnalité des rares hommes qu'elle a connus (elle a 47 ans) en compagnie desquels elle s'est sentie comme un « presque rien », constamment angoissée et au bord de l'évanouissement.

Dans la tranche actuelle de son analyse, notre patiente a pris une claire conscience de ses pulsions sadiques refoulées. Elle reconnaît qu'elles devraient être initialement dirigées contre son sadique de père et que c'est parce qu'elle identifie les hommes en général à son père qu'elle a des rapports sadiques avec eux.

Elle n'aurait pas de fantasmes sexuels. Les fantasmes de sodomie et de fellation dont parle la littérature érotique, elle ne les connait pas. Elle n'a qu'une pulsion : celle de tuer son partenaire. Pour se défendre, pour se venger. Car elle est convaincue que si elle ne tue pas l'Autre, il la tuera. C'est pour cela qu'elle évite les liaisons et qu'elle préfère vivre toute seule.

Fort de l'expérience de l'analyse des difficultés sexuelles d'un de nos patients, que nous avons eu la chance de résoudre grâce à la médiation de l'activité plastique, nous caressons l'espoir d'aider, par cette voie, cette charmante dame, à se réconcilier avec l'autre sexe et à connaître les plaisirs de la chair.

Nous lui avons donc proposé d'utiliser l'activité plastique comme moyen d'expression systématique de son inconscient et d'entrer en relation par le dessin avec l'objet interdit : le pénis. La tentative qu'elle fit seule, chez elle, en fin de semaine, fut une catastrophe, me rapporta-t-elle. A peine avait-elle fait la représentation du pénis qu'elle fut envahie par une vague d'angoisse indicible. Les efforts désespérés qu'elle fit pour exorciser la panique où l'avait mis le pénis dessiné, la conduisirent bientôt à transformer celui-ci en un canon monté sur deux roues. « Ce fut une expérience épouvantable », me confessa-t-elle. « J'ai cru que j'allais mourir par arrêt cardiaque. J'ai passé mon week-end à pleurer, malheureuse comme je ne l'ai jamais été ». Pour la consoler, je lui dis que l'appropriation imaginaire de l'objet interdit de son désir était ce qui avait suscité cette violente réaction d'angoisse. D'autant plus qu'elle avait affronté toute seule l'interdit paternel. C'est ainsi qu'avec mes encouragements et sous ma « protection », elle se remit à dessiner. Elle consacra cette séance-là à dessiner avec application une fleur qu'elle voulait très belle et qui fut une réussite. La séance suivante, dont la durée excédé le temps prévu à cet effet, devait être consacrée à la représentation d'un paon. Ce fut une véritable création plastique qu'elle commenta longuement, en termes de parade, de séduction, de charme et de conquête de la partenaire. « Chez le paon, me dit-elle, la cour se fait aussi longtemps que possible. Il n'y a pas de brusquerie ou de violence ».

Au cours de cette séance qui se déroula dans un climat de détente et d'échange libre, notre patiente développa une conception plutôt idéaliste des rapports des sexes. Le sexe mâle incarné par le paon utilise la séduction et non la violence pour arriver à ses fins. Et me faisant remarquer qu'à l'opposé de la diaprure des ailes son paon était quelque peu sombre, elle me fit comprendre qu'elle avait, malgré son idéalisme évident, les pieds sur terre et qu'elle n'avait pas gommé la part de l'agressivité dans sa conception du mâle. Détail dont je ne m'étais pas rendu compte et qu'elle fut heureuse de me communiquer. Tout en me réjouissant que notre patiente prenne en compte la composante agressive des rapports des sexes, j'espère qu'elle parviendra à évacuer, par la combinaison de l'activité plastique et de l'expression verbale, les fantasmes sadiques qu'elle prête à l'homme et qui l'obligent au rejet de l'acte sexuel.

C'est avec ce premier cas que nous avons décidé d'étendre notre technique fondée sur la médiation de l'activité plastique à nos patients. Nous donnerons le nom de Moussa à ce jeune homme d'une trentaine d'années, agent de bureau de son état, qui avait de graves problèmes relationnels et qui souffrait d'une impuissance aussi bien intellectuelle que sexuelle.

Après quatre années de psychothérapie, bien qu'il nous eût épaté par sa virtuosité à s'analyser, le patient ne paraissait pas progresser, continuant à se plaindre amèrement de ses problèmes.

Devant son désespoir, je lui proposai d'essayer de décharger les pulsions agressives refoulées qui visiblement faisaient échec à ses efforts d'abréaction et de symbolisation, au moyen de l'activité artistique.

Il accepta volontiers mais insista pour que je lui procurasse le matériel : ciseaux, cutter, cartons, pot de couleur, colle, etc. Comme je voyais qu'il hésitait à acheter lui-même ce matériel (probablement parce qu'il n'était pas prêt à assumer son propre sadisme refoulé), je le mis à sa disposition.

Alors, comme l'aurait dit Mélanie Klein, ce patient déploya sous nos yeux tous les moyens que peut déployer le sadisme pour se satisfaire : il se mit à découper les cartons en disant qu'il découpait sa mère, cette femme qui l'avait tant dominé, allant lui faire accomplir les tâches traditionnellement réservées aux filles (vendre de l'eau glacée ou des oranges pour son compte à elle), qui le réveillait nuitamment pour le battre, parce qu'il lui arrivait de sucer sa langue en dormant ! « Qu'est-ce que tu manges en pleine nuit ? Tu es un petit sorcier et avec tes congénères invisibles tu es en train de manger de la chair humaine ».

Notre patient ne se contentait pas de découper symboliquement sa mère en morceaux, il la barbouillait de merde-peinture (elle n'aimait pas être salie par lui), il pissait sur elle en déversant le seau d'eau sur les cartons, il la foulait aux pieds. Tout cela dans un état de passion plus ou moins contrôlé. En fin de séance, note homme se sentait obligé de recoller les morceaux et de ranger le carton reconstitué (la mère réparée) qu'il considérait comme une œuvre d'art.

Il continua ainsi pendant 2 mois environ, à raison de deux séances, d'une durée indéterminée, par semaine. Les séances ne prenaient fin que lorsqu'il le demandait, lorsqu'il croyait avoir eu son compte de jouissance anale. Nous terminions finalement la séance par un échange au cours duquel je tentais de lui verbaliser la signification inconsciente de son activité.

L'état de cet homme s'est beaucoup amélioré. C'est aujourd'hui un homme dynamique qui a récupéré tout son potentiel d'activité. Depuis quelques mois il vit en ménage avec une jeune femme dont il dit qu'elle lui donne toute satisfaction. Il continue toutefois de poursuivre ses séances de psychanalyse verbale tout en exprimant le désir de revenir à la peinture (qu'il a délaissée depuis un an) pour l'aider à élaborer le fond de sadisme refoulé qui l'empêche de maîtriser pleinement ses facultés de symbolisation qui lui paraissaient insatisfaisantes dans la réalisation de ses ambitions personnelles.

Un autre de nos malades, Koffi, la quarantaine, ne put émerger du conflit cruel où il était enfermé avec sa mère qu'en ayant recours à la médiation de l'activité artistique. C'est sous la forme de l'affrontement avec la matière picturale dans l'arène du support qu'il engagea le combat imaginaire avec la mère anale.

Les « enfants » nés de ce combat furent des représentations graphiques du sexe féminin à caractère hautement pornographique. Ces images crues du sexe convoité, produits de son propre inconscient, devenaient ensuite l'objet de ses délies érotiques. Il contemplait ces objets partiels, les interpelait et engageait avec eux un dialogue imaginaire du type : « si je t'avais réellement sous la main tu verrais ce que je ferais de toi... ». Son imagination en branle devenait alors la maîtresse d'une situation qui lui échappait dans la réalité. C'est ainsi, je crois, qu'il apprenait à être actif, du moins au plan imaginaire, lui qui dans la réalité de ses rapports avec les femmes se trouvait écrasé, « chosifié » selon son expression favorite

Plus tard, il ajouta à ses peintures réalistes du sexe féminin des représentations du sexe masculin en érection, parfois planté dans l'autre : un rapport sexuel imaginaire dans lequel, évidemment, il jouait le rôle dominant.

Il est évident que la stratégie analytique, axée sur le primat, pour ne pas dire sur l'exclusivité du verbe, n'intéresse que les patients entrés dans l'Œdipe et qui présentent des difficultés pour les résoudre. En possession du système symbolique, mais ayant des difficultés à le maîtriser pour des raisons justement liées à l'Œdipe, ils ne paraissent pas avoir d'autres moyens que le Verbe, c'est-à-dire la parole articulée sur le Langage, pour résoudre leur problème, pourvu que finalement, ils se soumettent à la « loi du Père ». A ceux-là seuls pourrait être appliqué le mot de Lacan selon lequel l'inconscient est structuré comme un langage et qu'il leur suffit de parler ou d'associer librement les signifiants pour accéder à leur structure inconsciente, condition de leur guérison. Mais pour ceux qui n'ont pas fait leur entrée dans l'Œdipe et pour qui l'inconscient n'est pas suffisamment ou pas structuré, la parole est-elle toujours la voie royale d'accès à l'inconscient ? Pour les autistes, les psychotiques et les prépsychotiques ?

L'application sereine de la psychothérapie verbale comme moyen thérapeutique supposerait la prévalence du stade oedipien dans l'état actuel de l'évolution de l'homme. A tout le moins de l'homme occidental. Ce qui reste à vérifier et à prouver.

La primauté du stade anal nous a semblé plutôt se dégager de nos observations cliniques. Nous n'avons pas perçu de différence de structuration fondamentale entre l'homme du Sud et l'homme du Nord : observations cliniques qui me paraissent d'ailleurs justifiées par l'état de notre civilisation actuelle, fondée sur le règne de l'argent-roi et de la violence (anale) sous toutes ses formes. A nos patients fixés à ce stade nécessaire d'évolution, il nous a paru difficile d'appliquer avec profit la psychanalyse verbale.

Et c'est tout naturellement que s'est imposée à nous la nécessité de prendre en compte la phase pré-verbale qui nécessite cet autre moyen d'approche que représente la technique de l'art-plastique comme moyen d'accès à la prise de conscience en psychothérapie.

Cette technique met l'accent sur cette nécessité de la décharge pulsionnelle préalable à l'organisation de l'équipement en « beaux-restes » dont l'essence est le langage. Ainsi notre technique fait-elle une part belle à la sublimation de la jouissance (manipulation-destruction préalable) et à l'articulation finale des formes-langage, nécessitée par la médiation du Verbe, ce postulat fondamental de la psychanalyse oedipienne.

En conclusion, nous dirons que l'activité plastique, en devenant créatrice de formes-langage grâce à la médiation du Verbe, introduit le patient fixé au stade préverbal au champ symbolique où il pourra enfin poser son Œdipe et s'efforcer de le résoudre, sans jamais, il est vrai, se passer totalement des ressources du pré-verbal.

Psychanalyse et décolonisation

Le désir de me sentir " bien dans ma peau " et d'être heureux de vivre est le motif qui a présidé à mon entrée en analyse. Cet état, je l'avais connu dans mon pays, la Côte d'Ivoire, que j'ai quittée à l'âge de 13 ans, pour poursuivre mes études en France. Je l'avais perdu, cet état de bien-être, après 3 ans de séjour loin des miens et je désirais le retrouver coûte que coûte.

Après une longue période d'errance et de vaine recherche de solution auprès des médecins, la psychanalyse, découverte en classe de philosophie et à l'université, s'est imposée à moi.

Ce fut une période de bonheur de me retrouver sur le divan du Docteur Faladé, bonheur de parler librement de mes problèmes à un substitut de mère qui prêtait une oreille attentive et compréhensive.

Je dois dire que l'expérience que j'ai faite de la cure analytique a été satisfaisante. Et sur la fin de mon analyse, je fonctionnais suffisamment bien pour reconnaître que j'avais atteint le but que je m'étais assigné.

Quelque chose cependant continuait à me gêner. L'agoraphobie qui réapparaissait de temps en temps en période de fatigue et que je ressentais comme une blessure à mon narcissisme. Il me semblait que cette phobie était quelque chose qui échappait aux prises de la parole et de la pensée. Quelque chose de monstrueux que j'imaginais comme une masse de déchets vivante, un écheveau de pulsions primitives, une mygale noire au centre de mon être, qui devenait particulièrement cruelle lorsque je me retrouvais seul avec elle, dans un espace ouvert.

N'étant pas de ceux qui " pactisent " avec leur maladie, je cherchai à trouver le moyen de me débarrasser de ce monstre qui m'assiégeait de l'intérieur. Mon intuition m'a suggéré que dans ces circonstances où la faculté verbale s'avérait manifestement impuissante, l'activité préverbale était l'indication thérapeutique à suivre. Il est vrai qu'à ce moment de mon analyse, la parole me paraissait vaine, inappropriée comme moyen d'expression devant l'exigence d'agir et de décharger les pulsions de mort qui se bousculaient à l'intérieur de mon organisme.

Mon ouverture sur la tradition négro-africaine, ainsi que l'assomption de ma fixation au " stade anal " du développement dégagé par Freud m'ont certainement aidé dans mon choix de l'Art comme moyen privilégié pour me libérer de ma phobie.

Lorsqu'on considère en effet les chefs-d'oeuvre de l'Art primitif africain, on se rend compte que la création artistique fut le moyen d'expression privilégié du négro-africain. En effet, l'objet d'Art n'est pas, pour l'artiste africain, une représentation plastique destinée à charmer les yeux ou à distraire l'esprit. On l'a dit, c'est un idéogramme. Autrement dit, le support concret d'une pensée qui résulte de la maîtrise pré-verbale des passions, voire des pulsions de mort.

De par mon héritage culturel donc, je fus spontanément convaincu que la création artistique était mieux indiquée pour me débarrasser de ma phobie que la pseudo-maîtrise verbale par l'écriture. Je doutais que cette dernière voie, couramment usitée en occident comme moyen de " dépassement " de la cure analytique par la créativité littéraire, fût efficace.

Du reste, la théorie freudienne ne postule t-elle pas la maîtrise " anale " comme préalable à la constitution du sujet et à son entrée dans le champ symbolique ?

Aussi bien, pour engager la lutte libératrice contre le monstre qui m'habitait et m'aliénait, ai-je réuni des instruments propres à l'expression de mes sentiments sadiques : couteaux, cutter, marteau, cailloux, grattoirs, chiffons, jets d'eau, enfin tous les outils que peut proposer l'imagination sadique.

De préférence à la peinture sur toile, qui n'est pas adaptée à la création spontanée, j'utilise les pastels et les craies sur cartons à gratter. Ce support qui, à la différence de la toile, se prête aux agressions et aux modifications, ces bâtons de couleur que je peux manipuler directement et identifier aux pulsions que je cherche à évacuer, la projection de celles-ci sur le carton, me permettent déjà suffisamment de me décharger.

Mes aspirations sadiques sont à leur comble lorsque je fais intervenir les couteaux (pointus et à scie), le cutter, le marteau pour écraser les craies de couleur, les cailloux et que je peux les utiliser pour perforer le carton verni, le gratter, le frotter, le déchirer, arracher des morceaux, le tremper et le soumettre à des jets d'eau aux fins d'y inscrire des traces de mon sadisme déchaîné, à la manière du sculpteur noir dans le bois.

Dans ces conditions toutes particulières de création, le support artistique, le carton vierge, prend la signification de lieu de projection-évacuation imaginaire des pulsions anales identifiées aux matières picturales. Et l'activité artistique devient la métaphore de l'affrontement avec la mère phallique.

L'imago de la mère phallique, qui barre l'accès à la figure paternelle et interdit l'entrée dans le champ symbolique, est omniprésente en Afrique noire.

Terrible, dévorante, implacable, l'ethnologue française Denise Paulme lui a consacré un admirable livre " la mère dévorante " dans lequel elle évoque en termes mythiques le drame de l'homme noir aliéné dans la spirale diabolique de l'affrontement avec l'image de la mère phallique : alternativement chacun des protagonistes absorbe l'autre et l'évacue, dans un conflit anal-passif sans fin.

Cette lutte aveugle et désespérante du négro-africain, dans notre quête de sauvetage, nous avons essayé de l'appréhender aussi dans la perspective historique. Et il nous est apparu que, étant consécutive au choc et au

31

traumatisme colonial qui ont disqualifié les structures symboliques traditionnelles, elle était symptomatique de la situation coloniale caractérisée par le rapport de domination sans partage.

C'est pourquoi il nous semble légitime de voir dans l'imago de la mère phallique qui règne despotiquement à l'intérieur de l'ex-colonisé, la figure du " maître fou " intériorisée.

La mère phallique et sa figure masculine, le père tout-puissant, ne sont finalement que les produits monstrueux de l'intrusion brutale et déstructurante du Pouvoir colonial.

Il ne faut donc pas s'étonner de l'esprit de dépendance et du complexe d'infériorité des colonisés, même après leur " émancipation ". Car l'image du maître intériorisé, transmise de génération en génération, par la voie de l'éducation, poursuit en eux son oeuvre de colonisation et de réification. Les raisons du conflit de nature schizo-paranoïde qui oppose l'ex-colonisé à lui-même et aux autres sont à chercher dans ce traumatisme.

Désormais, c'est sur le mode imaginaire et pathologique que se perpétue la relation anale-passive du Noir et du Colonisateur.

C'est pourquoi la question de la lutte de libération du colonisé devra dorénavant se poser en termes de stratégie psycho-pathologique qui associera les avantages de la psychanalyse classique à ceux de l'activité artistique créatrice du langage et support de prise de conscience du patient.

Il s'agira, à la faveur de cette stratégie thérapeutique qui fait appel à la psychanalyse et à l'activité artistique créatrice de formes significatives supports de l'inconscient du patient, de renforcer la cohésion du moi par intégration du nom-du-père, et d'étendre ses limites au moyen de la création qui fait la part belle à la destruction-jouissance, afin de favoriser l'émergence du désir de réparation.

L'œuvre d'Art s'avère alors le résultat de la structuration des " restes " par le nom-du-père. C'est un " beau reste ", représentant symbolique du nom-du-père. Interprétées comme telles et intériorisées, ces formes-langage sont appelées à structurer le chaos intérieur du patient et à opérer son assomption en tant que sujet dans le champ symbolique.

La naissance de la psychart-thérapie

Préambule

Un professeur de psychologie d'une université française m'informa de son projet d'écrire un livre sur l'art-thérapie qui devait réunir les textes relatant le parcours de spécialistes et me proposa de bien vouloir participer à l'aventure. Chaque co-auteur devait exposer en toute sincérité la démarche qui l'avait amené à la maitrise de sa technique afin, m'assurait-il, d'écarter les mystificateurs. « Je connais la chanson » et je ne voulus pas me prêter au jeu. Mais ma femme et mon fils ainé insistèrent tellement que je finis par céder et en me laissant aller à rêver avec eux de voir mon nom figurer dans l'anthologie des fondateurs de l'art-thérapie, je « sortis » le texte qui suit. Je n'en ai jamais de nouvelles malgré mes relances. C'était prévisible et prévu : telle est la Loi du système libéro capitaliste qui régit nos vies : la Loi implacable qui prescrit la dévoration et la réduction en déchet du faible par le puissant. Le fonctionnement « dia-bolique » du système m'aura du moins appris que pour émerger à l'existence, l'homme doit se battre sans cesse et arracher à la dévoration du grand Autre un « beau-reste », support de la conscience de son essence inaliénable.

Un dernier mot pour conclure : le Voleur est victime du phantasme d'appropriation. Il ne se nourrit que de la « pelure » des objets sans toucher à l'essentiel raison pour laquelle il est condamné à l'in-satisfaction.

La naissance de la psychart-thérapie

Je m'appelle GROBLI Zirignon. Je suis né en 1939 à Gagnoa en Côte d'Ivoire. Envoyé comme boursier en 1952 en France, j'ai fait ma sixième au Lycée Bernard Palissy d'Agen dans le Lot et Garonne, j'ai passé mon bac au Lycée d'Epinal dans les Vosges en 1961.

Après une licence en philosophie à l'Université de Caen en 1966, je me suis inscrit en Maîtrise. à l'Université de Paris-Sorbonne. Candidat malheureux au concours d'agrégation de philosophie, je me suis consolé en me disant que, dans le fond, j'étais plus intéressé par l'initiation à la psychanalyse, entreprise en 1965 après avoir découvert Freud par ses écrits.

C'est sur la fin (1972) de ma cure analytique, nécessitée par mes difficultés d'insertion, que le désir me vint de m'essayer à la peinture, dans le but de liquider un symptôme résiduel (l'agoraphobie) qui résistait à la prise en charge psychanalytique. Mon intuition me disait que, avec l'activité picturale, qui mobilise tout le corps, singulièrement le système neuro-musculaire, je pourrais y parvenir. J'avais l'intime conviction que l' « acting painting », en aidant à évacuer mes pulsions sadiques refoulées, m'aiderait à retrouver l'équilibre personnel.

Ma connaissance de la Culture africaine et de l'Art africain en particulier ont sans doute contribué à l'éveil de mon intérêt de la thérapie par l'art. Produit de l'activité initiatique au sein des « bois sacrés », l'objet d'art sanctionne le triomphe de l'impétrant sur la Nature et les pulsions pathogènes. Je ne résiste pas à la tentation d'établir un lien entre cette vocation et mon patronyme Zirignon qui signifie l'homme « possédé » par les esprits, investi de la charge sociale de libérer ses compatriotes de la persécution des démons, à l'instar des chamanes orientaux.

Toutefois la vérité m'oblige à dire que sans l'accord de ma psychanalyste, mon désir contrarié n'aurait pas abouti. Je suis reconnaissant au Docteur Faladé d'avoir favorisé ma vocation de psychart-thérapeute en veillant à faire cette réserve : « il ne faudra pas oublier d'interroger vos productions pour savoir quels désirs inconscients vous y investissez ».

Ma passion pour l'expression picturale et mes premières œuvres attirent l'attention des connaisseurs qui me permettent de participer dans le cadre des « Salons annuels de la Société des Artistes Français » et de la « Société Internationale des Beaux-Arts » à la prestigieuse Exposition du Grand Palais des Champs-Elysées.

Ma contribution accroche la « Commission de la Création artistique » pour le fonds d'Art Contemporain, qui m'achète un tableau (Masque II), en 1976. Ce tableau accouché sous la pression de mon inconscient représente un vieil homme assis au sommet d'une Colline émergeant d'une Etendue d'eau, dans l'attitude d'une profonde tristesse : seul, dans l'état de désolation du « Premier homme ».

Projection de mon état intérieur dans cette période de mon existence ou réminiscence de la « Colline primitive » de la Cosmogonie égyptienne ?

J'obtiendrai le « Prix Dumoulin d'originalité » à l'Exposition de 1977.

De 1974 à 77, je multiplie des expositions collectives et privées. Je me délecte du plaisir d'être considéré comme artiste-peintre pour être invité à des cocktails. Mais je me cramponne au conseil de ma psychanalyste : « n'oubliez pas d'interroger vos productions pour savoir quels désirs inconscients vous y investissez ».

J'ai donc pris l'habitude d'exposer dans mon salon mes dernières créations et de les interroger et j'ai la satisfaction de constater que mes progrès en psychanalyse vont de pair avec mes progrès en création artistique. En témoigne mon premier livre intitulé : « Dialogue avec les beaux-restes ». aux éditions PUCI Abidjan en 1998.

Apaisé et me sentant libéré de mon agoraphobie, j'écoute enfin l'appel lancinant du retour au Pays natal, après 25 ans d'absence.

Je retourne donc en Côte d'Ivoire, un peu comme le métropolitain va aux colonies, « chargé » de ma « femme blanche » et de mes enfants en bas âge, et sollicite un emploi à la fonction publique.

Je suis finalement intégré et embauché comme Psychothérapeute au « Centre de Guidance Infantile » d'Abidjan, après un trimestre de « purgatoire ». Sans prédécesseur et sans « feuille de route », il a fallu que je mette en place une structure pour aider mes petits patients, en exploitant les acquits de ma pratique personnelle.

Très vite cette prise en charge inédite dans la capitale ivoirienne connait une résonnance certaine car j'ai le plaisir de recevoir bientôt la visite d'une équipe de techniciens du « Centre culturel français » qui me propose de faire un film-documentaire sur l'art et la thérapie (film que j'ai été surpris de découvrir plus tard à « l'Artothèque » de Saint-Denis de la Réunion lors d'un séminaire sur la question).

Les difficultés inouïes de réinsertion en Côte d'Ivoire après 25ans d'absence, sous le règne d'un autocrate m'ont obligé à approfondir ma conception de la psychart-thérapie.

Dans ma pratique à domicile, il a fallu que je trouve une technique appropriée à l'évacuation de mes pulsions sadiques réactionnelles à mes problèmes environnementaux. Il le fallait, si je voulais éviter de projeter mes angoisses sur ma propre famille et être plus à même de soutenir mes petits patients au Centre de guidance.

J'en vins donc à la conception selon laquelle les marques du sadisme (mutilations, déchirages, coupures, grattages, arrachages, etc.) constituent les éléments essentiels de l'écriture en psychart-thérapie, et que l'art officiel, obsédé par le souci esthétique, fait obstruction au projet de prise en charge par l'expression graphique. Je me démarque définitivement des artistes-peintres. Le désir le plus profond du patient « fixé anal » ne serait-il pas plutôt d'évacuer et de donner à « voir avec les yeux du corps » le monstre qui le persécute au dedans de son organisme, sous l'apparence de déchets ou de gribouillis ?

Le support artistique malmené et « fécalisé » m'apparut alors comme la « maladie évacuée » et « visibilisée ». Pour les zirignon et les komian africains le principe de la maladie est évacué avec les déjections et c'est dans celles-ci qu'il faut l'identifier et le nommer aux fins de le neutraliser.

Ma parfaite maitrise de la culture occidentale et de la tradition africain m'a permis de faire des rapprochements entre la psychanalyse et la technique des guérisseurs et de me conforter dans ma quête de subjectivité et de « bien-être ».Car il n'a pas de création ex-nihilo et c'est en se situant dans une tradition cultuelle qu'on acquiert l'assurance et le courage de poursuivre ses recherches : apporter sa pierre au Temple de l'Esprit en cours d'édification.

Je compris qu'à l'origine l'Homme est un être aliéné dans la matière (déchets) d'où il s'est efforcé d'émerger à l'Aube de son Histoire par la technique de l'Initiation et que celle-ci étant devenue caduque dans la civilisation actuelle, il s'avérait nécessaire de lui trouver un substitut par la technique de la psychart-thérapie qui associe les apports de la psychanalyse et de l'art, selon la conception africaine qui fait de l'œuvre d'art un idéogramme (le préverbal).

L'activité artistique médiatisée par l'Esprit a pour résultat de créer une structure préverbale et de substituer le Langage au chaos informe grâce à la maitrise symbolique des pulsions de jouissance-destruction inhérentes à la Nature.

L'œuvre d'art authentique ressortit donc au Langage dont la fonction est de libérer l'Homme captif de la matière et de l'instituer « témoin » porteur de la « bonne Nouvelle », dans la désespérance de la jungle-sociale.

La « structure préverbale », Digue symbolique inaugurale que le Père-fondateur a érigé pour contenir et « interdire » les vagues déferlantes des pulsions (structure que méconnait la psychanalyse pour circonscrire son activité dans le champ de la Parole vide) s'avère actuellement caduque du fait de la disparition des sociétés d'initiation, ces lieux de production des objets d'art originaux (fondement du Sacré). Il en résulte la nécessité impérieuse de « refonder » le Langage par la psychart-thérapie grâce à l'activité artistique créatrice de formes préverbales pour être médiatisées par la Loi aux fins de restructurer le « Tissu » social effiloché et le sauver du processus de dé tricotage.

Telle est, succinctement, la trajectoire de mon existence personnelle et professionnelle. Ce n'est pas l'appât du gain ni le désir de faire carrière qui m'ont amené à la psychart-thérapie. Si c'était le cas, j'aurais postulé un poste de chargé de cours à l'Université, et animé moi aussi des week-ends de formation aux coûts exorbitants. Au contraire, je dois avouer que je suis rempli d'étonnement devant tout ce tintamarre qui se fait autour d'une discipline paramédicale en quête d'un fondement théorique sûr. Pour ma part ce qui retient pour le moment mon attention et occupe mon temps, c'est l'activité créatrice et la réflexion théorique sur la psychart-thérapie, aux fins d'assurer au mieux la prise en charge de mes patients et conforter le sentiment de sécurité de mon proche entourage, confronté lui aussi à l'« angoisse de mort » que répand la très grave « Crise de civilisation » que connait l'Humanité.

Ce que j'ose souhaiter pour la psychart-thérapie, ce n'est pas l'afflux d'étudiants vers les universités, pour la soutenance de mémoires et de thèses. Je désire plutôt qu'elle attire des patients-chercheurs qui s'assument et nourrissent l'ambition d'enrichir cette pratique en prenant leur propre pathologie pour objet de cure et de connaissance.

C'est à cette condition, j'en suis certain, que l'on évitera à la psychart-thérapie de connaitre le même destin que la psychanalyse dont on dit qu'« elle ne guérit pas » et que l'Espoir se relèvera sur le monde qui l'appelle de ses vœux.

Qu'est-ce que la psychart-thérapie ?

La psychart-thérapie est la technique de reconquête de son corps, infiltré et squatté par les esprits persécuteurs (pulsions), d'un patient qui refuse la voie du « passage à l'acte ».

<u>Les trois phases:</u>

Sous l'accompagnement d'un thérapeute initié à ce type de prise en charge, la première démarche du patient en psychart-thérapie consiste à évacuer ses pulsions sadiques anales en déplaçant par projection celles-ci sur un support artistique.

C'est la phase préliminaire de l'affrontement symbolique qui met en jeu tout le potentiel de l'imaginaire destructeur du patient pour le déporter sur l'espace consacré, le support.

Les pulsions sadiques-anales projetées ici sous la formes de matières picturales vont s'entasser se mêler et constituer finalement un magma à interpréter comme la visualisation du chaos intérieur à l'origine des angoisses et du sentiment de persécution du patient que l'imagination de celui-ci se représente comme une sorte de bête malfaisante qui squatte ses entrailles.

Vient la seconde phase de la psychart-thérapie où, avec le « sous-tien » de son accompagnateur, le patient s'engage dans le combat pour la mise à mort symbolique de la bête externalisée sous l'apparence du gribouillis ou magma, à l'affronter en ayant recours à toutes les ressources possibles de l'imagination sadique (grattage, frottage, déchirage, lavage, etc.), et à le « réduire » finalement en traces « parlantes » devant lesquelles dans une sorte de flash suivi d'un apaisement le patient prend conscience de sa victoire sur le monstre dévorant. A ce moment de grâce succède alors celui de l'activité divinatrice où le patient va consulter le support « élaboré » afin qu'il lui livre ses messages écrits en formes de schèmes qui se refusent à la détermination et à l'identification.

C'est dans la troisième phase que le patient engage sa responsabilité en re-constituant par l'imagination créatrice, les formes préverbales suggérées par les figures embryonnaires.

Le processus culmine donc à l'émergence du Langage dont les formes préverbales sont les éléments constituants et ipso facto à l'apparition de l' « être de langage » là où rayonnait l' « être de pulsions ». Le savoir initiatique nous enseigne que la guérison advient avec l'entrée du sujet dans le champ du Langage où l'être humain est appelé à accomplir sa destinée.

La différence entre la psychart-thérapie et la psychanalyse

Alors que le patient en psychanalyse utilise le langage existant pour partir à la quête de la vérité de son être aliéné, le patient en psychart-thérapie, cette « conscience malheureuse » de la quête en psychanalyse, fort de son sous-tien du Nom du père invoqué, va se tourner vers la matière (sublimée), pour engager avec elle un combat héroïque afin de délivrer son essence (supposée) aliénée dans les entrailles de la Mère toute-puissante. Le patient en psychart-thérapie est donc un déçu de la psychanalyse qui, quelque part mystique, garde l'espoir irréductible d'en finir avec l'aliénation de son essence. C'est pourquoi, comme l'archéologue, il ne se décourage pas de creuser, de fouiller dans les profondeurs de la Terre-mère. Les bribes d'ossements que trouve l'archéologue pour la re-constitution d'un fossile, ce sont ici les schèmes ou embryons de formes vers lesquels son intuition guide l'impétrant.

La lecture ardue des schèmes et leur re-constitution par l'imagination créatrice de l'impétrant culmineront à la promotion des formes préverbales (ou signifiants artistiques), éléments constituants du Langage. C'est ainsi que la quête mystique de l'impétrant en psychart-thérapie le conduit à la génération du Langage qui constitue le point de départ de la psychanalyse. Mais dans le cas présent, il est question du Langage refondé par les schèmes et les formes préverbales, qui a pour vertu de produire justement l'effet (miraculeux) de dés-aliénation. Le sujet du langage refondé éprouve au plus profond de son être le sentiment de dés-aliénation et de liberté, objet de sa quête impénitente, là où devant le langage, en fin d'analyse, il se sentait plus frustré que jamais !

L'intérêt particulier de la création artistique

C'est à porter au crédit de la psychart-thérapie de reconnaître l'intérêt majeur des pulsions et leur maitrise symbolique dans l'activité fondatrice de la personnalité. En effet, confronté à la mère toute-puissante l'enfant ou l'être immature est convaincu qu'elle détient le phallus (du père castré) à l'intérieur de son corps. C'est ici que le mécanisme de la métaphore prend tout son intérêt heuristique.

Pour l'impétrant qui « déplace » cette croyance infantile sur la métaphore de la mère anale (le support artistique lieu de projection de ses pulsions) , tout se passe comme si l'activité artistique constituait la quête du phallus aliéné dans la matière (sublimée) et le Langage résultant des formes préverbales , la métaphore du phallus du père arraché à l'aliénation des entrailles de la Terre-mère. Loin de nous la prétention qui ferait de la psychart-thérapie la voie exclusive de prise en charge et d'investigation. Notre propos est tout simplement de «

pointer » que la psychanalyse, articulée sur le complexe d'Oedipe et ayant pour instrument privilégié la parole vide des constituants du Langage, est incomplète et laisse le patient en situation de « conscience malheureuse ». et qu'il était nécessaire, en plus, de faire la prospection du champ prégénital au moyen de l'activité artistique , créatrice de formes préverbales ces portes d'entrée dans le champ du Langage, pour offrir à l'humanité la solution satisfaisante à la problématique de la prise en charge en psychopathologie.

L'initié africain Bouabré Bruly a écrit quelque part que la création d'une « beauté visuelle » signe la fin d'une initiation. En substituant beauté visuelle à « œuvre d'art originale », on découvre une similitude de conception entre la psychart-thérapie et l'initiation africaine. En effet, à l'inverse du mode opératoire du créateur occidental qui part des perceptions, ces deux voies ont la particularité d'utiliser comme matière les pulsions projetées sur un support choisi, la maîtrise de celles-ci, au lieu de la métaphore, étant la finalité de l'activité créatrice des éléments constituants du Langage ce champ d'éclosion et d'épanouissement des potentialités l'être humain.

Réflexions sur la psychart-thérapie

De même qu'après une bonne tétée l'enfant repu se trouve dans les dispositions qui lui permettent d'instaurer une relation de paix favorable à la contemplation du visage de la mère et à la lecture de ses expressions ainsi au terme d'une période de manipulation gratifiante de la matière picturale l'impétrant en psychart-thérapie satisfait d'avoir évacué ses pulsions orales-sadiques s'apaise-t-il et devient-il capable d'observer et de faire la lecture des bribes de signifiants qui apparaissent sur le support maculé de matières qu'il manipule. Il est permis de postuler que le langage est un don du Verbe médiateur qui fait son avènement au cours de la période de « dépression » qui suit l'évacuation des pulsions sadiques-orales sur le support. L'appropriation des bribes de signifiants qui émergent sur le support (maculé) agité et leur reconstitution « logique » sont à l'origine de la genèse des formes préverbales éléments constituants du Langage. Tel est le mode de genèse du Langage. il est évident qu'à l'origine la relation de personne ne pouvait pas exister entre la mère toute-puissante et l'enfant. L'enfant était sans doute phantasmé comme un déchet de la mère anale avec qui elle entretenait naturellement des relations de type obsessionnel. C'est la dépression apparue au sein du conflit anal-sadique qui a favorisé la pénétration du Verbe principe de la structuration la « Masse indifférenciée » de déchets originaires. Il en résulte que la mère anale « castrée » est la médiatrice originelle du Verbe qui a introduit le Langage à la faveur de l'activité plastique créatrice de formes, Langage dont la ré-appropriation structurante détermine l'apparition d'un « être-de-langage ».

Les pulsions de destruction et la psychart-thérapie

C'est le constat d'impuissance de la parole, cet instrument privilégié de la psychanalyse freudienne, à exprimer les pulsions pré-oedipiennes, qui nous a poussés à rechercher un autre mode de thérapie. L'utilisation thérapeutique de la parole pré-suppose que l'inconscient soit structuré comme un langage. Mais le retour à la parole devient caduc lorsque l'inconscient n'est plus structuré comme un langage comme c'est le cas pour les personnalités « borderline ».

Le problème qui se pose alors au thérapeute dans cette situation limite, c'est celui de l'expression directe des pulsions du patient, de leur mise en formes significatives aux fins de constituer finalement un système de langage appelé à structurer l'inconscient.

Il n'existe pas d'autre moyen que l'activité artistique, symboligène pour doter une personnalité borderline, d'un inconscient structuré comme un langage, condition de son expression verbale et son appropriation par le patient dans le parler.

L'intérêt de la psychart-thérapie donc, est d'étendre les limites de la psychanalyse classique, de la faire évoluer du champ verbal au champ pré-verbal voire non-verbal.

Cette méthode, nous l'avions d'abord expérimentée sur nous-même (avec succès) avant de l'étendre aux personnalités ivoiriennes ou non-ivoiriennes ayant la même organisation de personnalité, caractérisée par la non-maîtrise du système symbolique.

Après quelques essais fructueux au Centre de Guidance Infantile nous avons progressivement élargi cette méthode aux rares patients que nous suivions dans le privé. Tout le bien que nous en ont dit ceux-ci, qui ne comprenaient pas que l'on puisse se contenter de parler, en méconnaissant les potentialités prodigieuses du dessin, à prendre à son compte certains désirs que la parole est impuissante à exprimer, ont fini par nous convaincre de la nécessité thérapeutique de l'art en psychothérapie.

Aujourd'hui je peux affirmer que la psychart-thérapie est une technique de prise en charge éprouvée, ayant livré tous ses secrets sur le plan pratique que théorique. Expliquée, puis proposée aux patients, c'est tout naturellement qu'elle est adoptée et pratiquée, à la satisfaction de ceux-ci, heureux de sacrifier à la fois à l'agir et au parler et éventuellement de créer un langage source du parler authentique et de prise de conscience.

Tout en parlant au thérapeute comme il le ferait dans une analyse classique, le patient dessine, assis devant une table, tout ce qu'il désire. Nos patients sont d'accord pour reconnaître que la poursuite simultanée des deux activités les aide à se sentir plus libres, parce qu'ils sont moins concentrés sur leur communication verbale.

La fonction toute particulière dévolue à la psychart-thérapie est de prolonger la parole par l'intermédiaire de l'activité créatrice de langage et de provoquer la catharsis au moyen de la décharge pulsionnelle. La technique du grattage, frottage, arrachage, ponçage, lavage, etc. est destinée à produire des effets de castration et de destruction que la parole, si agressive soit-elle est incapable de produire. C'est pourquoi, nous leur recommandons, dans les premiers temps, de ne pas se soucier de créer, mais de se laisser aller aux décharges pulsionnelles, à l'attrait de la jouissance-destruction.

La demande de laisser des restes leur sera exprimée plus tard, au moment opportun, lorsque nous les jugerons prêts à tolérer les contraintes du Nom-du-père et de la socialisation à laquelle elle introduit. Le fait de consentir à laisser des restes significatifs et de les préserver est le signe de la soumission du patient à la loi du Père et de son intégration réussie à l'ordre symbolique.

Lorsque, sur la fin de ma psychanalyse, j'ai eu des préoccupations artistiques, je crois que j'aspirais à me défouler, à goûter au plaisir de l' « acte pur », libéré des entraves de la parole, attrait du passage à l'acte, dont je fus sauvé par ma psychanalyste qui insista pour que je veille à décrypter mon inconscient embusqué derrière mes préoccupations artistiques. Je lui suis reconnaissant de m'avoir aidé à garder le contact avec le langage et à postuler du sens derrière mes œuvres. Cette capacité à considérer l'objet d'art comme un symptôme à déchiffrer m'a permis de passer du simple défoulement culturel à l'activité thérapeutique par la médiation artistique.

C'est ici le lieu de dissiper le malentendu qui existe entre la simple activité artistique et l'activité artistique productrice de symboles, supports de prise de conscience en psychothérapie. En soi, l'activité artistique n'est pas thérapeutique même si, à la faveur des mécanismes de la métaphore et de la sublimation, elle apporte un certain soulagement (une rémission pourrait-on dire) aux souffrances du moi. Ceux qui ont quelque peu « fréquenté » Rainer-Maria Rilke, Nietzche, Van Gogh et Artaud, pour ne citer que ceux-là, savent que l'art ne guérit pas. Il se contente de donner « une forme socialement acceptable aux instincts ».

L'activité artistique ne devient thérapeutique, à la vérité, que lorsque l'artiste ré-fléchit sur ses productions pour appréhender les désirs qu'elles véhiculent. Elle s'avère alors le complément de la psychothérapie analytique. En tant que substitut culturel appelé à corriger les défaillances de l'activité symbolisante de la mère phallique (pour cause), qui n'a pas pu socialiser les besoins de l'enfant en les lui verbalisant pendant la satisfaction, l'activité artistique peut être d'un grand secours dans la résolution des conflits destructeurs qui déchirent l'Humanité : conflits destructeurs dont les points focaux se trouvent au Rwanda, au Burundi, au Libéria, en Côte d'Ivoire, au Kosovo, en Tchétchénie, en Irak, au Congo, Ukraine, Somalie, Afghanistan, Irak, Syrie, Lybie.

En opérant la régression du patient, en l'encourageant à lever le tabou de la jouissance-destruction, en l'incitant à la symbolisation (plutôt qu'au renoncement pur et simple), en l'amenant à assumer son refoulé sous l'apparence d'œuvre d'art et enfin en lui faisant accepter la lecture de celle-ci comme d'un symptôme, le psychart-thérapeute aide à la maitrise des réactions primaires conséquences de la déficience de maternage et favorise la socialisation authentique de l'homme.

Ainsi la psychart-thérapie ouvre-t-elle une voie aussi inexploitée que salutaire à la recherche de solutions au problème de la violence auquel l'Humanité se trouve confrontée depuis sa naissance.

La psychart-thérapie et les horreurs de la guerre

Devant les pères africains humiliés et disqualifiés par les colonisateurs européens, il semble que les petits-nègres, traumatisés par la scène à laquelle ils avaient assisté, se détournèrent de leurs autorités traditionnelles pour investir les substituts de ceux-ci promus par les conquérants.

De ce temps-là daterait, sous l'influence pernicieuse du mécanisme psychologique d'identification du vaincu au vainqueur, la haine inextinguible et le mépris des Nègres pour les figures paternelles qui tentent d'émerger des décombres leur société déstructurée.

La place du père légitime étant devenue vacante chacun chercha désormais à se positionner avec l'aval du « méga-Colon ».

Les simulacres de lutte politique auxquels nous assistons depuis « Le Soleil des Indépendances » trouvent donc leur origine dans le traumatisme colonial qui a anéanti les fondements culturels du monde négro-africain, pour leur substituer le schéma occidental qui prévoit que le Président d'une République bananière devra être une sorte de « Gouverneur de colonie ».

Telle est l'origine assignable à l'aliénation de l'homme négro-africain.

L'historien Ki-Zerbo dans son dernier livre : « *A quand l'Afrique ?* », écrit à ce propos :

« *Aucune collectivité humaine n'a été plus infériorisée que les Noirs après le xv ème siècle.*

On a commandé des esclaves noirs par millions ; on a utilisé des Noirs comme des reproducteurs d'autres Noirs dans les haras pour reproduire d'autres petits noirs pour le travail dans les plantations. Combien d'enfants africains a-t-on jetés par-dessus bord ou abandonnés dans les comptoirs, loin de leur mère qu'on emportait, parce qu'il aurait fallu trop de temps pour les nourrir avant qu'ils ne soient exploitables ? On les achetait par tonnes. On amputait et dépeçait comme viande brute les rebelles dits « nègres marrons ». Pendant ce temps les théologiens en Europe débattaient doctement la question de savoir si les Noirs avaient une âme… »..

Contrairement à nos célèbres afro-pessimistes locaux, ces « chevaux de Troie » infiltrés, Ki-Zerbo ne croit pas, preuves à l'appui, que l'Afrique Noire a été colonisée parce qu'elle était sous-développée, mais que c'est parce qu'elle a été colonisée qu'elle est devenue sous-développée.

Le postulat selon lequel l'Histoire est soumise à la Loi de la répétition, permettra, en s'appliquant à la période actuelle, de savoir si l'homme noir éprouve des difficultés à surmonter le traumatisme colonial et à réintégrer la « communauté des Nations ».

Si donc ce qui se passe actuellement doit être considéré comme une répétition de l'affrontement colonial, que nous est-il donné d'observer ?

Comme aux temps héroïques de la colonisation où les alliés africains des colons, les futurs « tirailleurs sénégalais », jouaient déjà le rôle d'instrument des conquêtes des régions du Sud, il nous est donné d'assister à une scène identique.

Ainsi, ceux qui se font appeler sans humour « les guerriers », dénués de tout sens patriotique, ne veulent-ils pas savoir ni pour quoi ni pour qui ils se battent. C'est en toute inconscience qu'ils tuent, violent, pillent, détruisent tout sur leur passage, comme si leur unique motivation était de prendre leur revanche sur le Destin, en réécrivant l'Histoire sous l'impulsion de phantasmes de surcompensation. En effet, le moment semble venu, pour ces humiliés de la conquête coloniale, d'abréagir leurs pulsions refoulées en utilisant leurs frères du Sud comme des boucs émissaires. Délirant !

Le mécanisme de substitution, « moyen de défense » contre le vécu de castration, est ici à l'œuvre. On identifie le Colon avec l'autre Nègre et on croit se laver des humiliations que le Colon a infligées parce que, sous le commandement du Colon, on humilie les Noirs de la forêt, appelés avec mépris « Bushumanis ».

Ces braves « guerriers » qui boivent le sang de leurs frères tués, éventrent des femmes enceintes, fracassent la tête des bébés contre les murs, il faut les considérer comme les substituts des combattants des royaumes sahéliens, aliénés par la douleur de voir leurs souverains dé-faits et humiliés, fiers « Sofas » traumatisés, qui s'identifièrent au colonisateur pour se « défendre de l'intolérable réalité » (la dépendance) à laquelle ils se virent brutalement confrontés.

Il en résulta qu'ils retournèrent leur haine contre leurs Autorités légitimes disqualifiées et transmirent à leurs descendants l'obligation de s'en décharger sur d'autres Noirs (non parrainés) comme il nous est donné de le constater aujourd'hui.

Le « séisme » colonial ne fit pas seulement basculer de braves guerriers dans la folie, il poussa au suicide le roi Ba Bemba lui-même, dans Sikasso au temps de la conquête du Soudan. Quant à l'Almamy Samory, l'expression la plus parfaite du génie militaire et politique du Monde négro-africain, on connaît le sort révoltant que les nouveaux maîtres lui réservèrent : ils le déportèrent au Gabon et s'approprièrent son Empire.

La « compulsion à la répétition » caractérise, de toute évidence, le mouvement de l'Histoire. Ainsi, ne sera-t-on pas surpris d'apprendre que, dans ces périodes sombres où se jouait le destin de l'Afrique, l'Empereur de Kong n'hésita pas à signer un traité d'alliance avec les troupes françaises, contre Samory le résistant.

Et c 'est en récupérant les soldats démobilisés et aliénés des royaumes sahéliens défaits, et en les utilisant comme « auxiliaires » dans ses troupes que la France a bâti son Empire colonial, sur les ruines fumantes des organisations socio-politiques africaines. L'institution des régiments de « tirailleurs sénégalais » qui devaient lui servir de « fer de lance » pendant les guerres franco-allemandes, est un legs de la colonisation.

1. Suret-Canale , un éminent historien français, dit à ce propos dans son ouvrage « Afrique Noire, Histoire »: « *On a pu dire que la conquête de l'Afrique Noire avait été l'œuvre des Africains eux-mêmes , instruments inconscients de l'asservissement de leurs frères de race, en fin de compte, de leur propre asservissement. C'est parfaitement clair pour l'utilisation des alliés*

provisoires qui contribuèrent aux victoires françaises avant d'être écrasés à leur tour. » Qui ne se souvient de l'épisode funeste du « camp de Tiaroye » ?

On s'aperçoit avec horreur, en considérant les événements actuels, à quel point les Négro-africains, traumatisés par les exactions du colonisateur, ont retourné contre eux-mêmes leurs pulsions de mort. Entraînés par la « compulsion à la répétition » voyez comme ils traitent leurs frères : comme les colonisateurs les ont eux-mêmes traités. Ils ont le « diable au corps » et s'acharnent à rendre les coups reçus des colons...à leurs frères colonisés. « Ils sont fous ces Nègres » !

On tremble à l'idée que les « frères du Nord » mènent cette guerre sans merci pour restaurer dans leurs passe-droit ces Puissances impérialistes qui se sont partagé notre Afrique comme un vulgaire « Gâteau ».

En effet, dans « *A quand l'Afrique* » Ki-Zerbo écrit : « *Le colonialisme était un système qui s'est entièrement substitué au système africain. Nous avons été aliénés, c'est à dire remplacés par d'autres, y compris dans notre passé, les colonisateurs ont préparé un hold-up de notre Histoire ... L'Afrique a été empoignée, partagée, dépecée, et on lui a imposé ce rôle : fournir des matières premières. Ce pacte colonial dure jusqu'à présent.* »

Le temps a passé et les acteurs ont changé de masques mais rien n'a fondamentalement bougé et nous continuons d'assister à la réédition de la « tragédie coloniale » : un affrontement sans merci pour la reconquête et à la remise sous tutelle de l'Afrique par les « Puissances européennes », après la parenthèse hypocrite de la décolonisation, avec la collaboration renouvelée d'une partie de ses propres fils, qui se sont identifiés à ses agresseurs.

L'Histoire est absurde parce qu'elle aspire à se répéter au mépris des intérêts des peuples. C'est pourquoi il nous faut l'étudier dans la perspective de la Connaissance afin de casser son ressort à la « répétition de l'Horreur ».

Mais il est évident qu'atteindre ce louable objectif n'est pas une petite affaire et postule la capacité de surmonter le traumatisme causé par l'horreur, en la regardant en face, en maitrisant la terreur qu'elle inspire, par la connaissance. Epreuve cruciale à laquelle les hommes échouent inexorablement. Le destin de l'horreur cette abjection, est d'être objet de déni et de refoulement inéluctables qui créent les conditions favorables au « retour du refoulé ».

La toute-puissance des « pulsions à la répétition » est donc le résultat de l'impuissance de l'homme à surmonter le traumatisme de l'horreur auquel le confronte la toute-puissance de ses pulsions de jouissance et à le maitriser par la connaissance. C'est pourquoi l'histoire des individus et des collectivités est sous-tendue par la compulsion à la répétition. Après les horreurs de la Grande guerre, ne sommes-nous pas en train d'assister, sidérés, à de nouvelles horreurs, « petites » sans doute, en attendant celle qui dépassera la Shoah ?

C'est peut-être ici le moment indiqué de proposer des pistes pour tenter de sortir l'humanité de la « spirale infernale » où elle s'autodétruit à ajouter des horreurs aux horreurs par l'abus du droit d'intervention et de frappes préventives.

La psychart-thérapie est cette piste éclairée par les formes préverbales ces « rayons d'espoir », constituants du Langage refondé.

La finalité de la psychart-thérapie est de favoriser la libération totale des pulsions sadiques sur un support adéquat, et de s'auto-gratifier sur le mode du « faire-semblant » de la jouissance de détruire par les moyens qu'inspire l'imaginaire sadique.

En effet c'est comblé de destruction-jouissance que l'« être de pulsions » apaisé et détendu, va acquérir enfin la capacité de s'ouvrir à la pénétration du Verbe : principe de structuration symbolique. La création des formes préverbales constituants du Langage re-fondé est à l'origine de l'émergence de l'être authentiquement social.

Ainsi la psychart-thérapie est-elle appelée à remplir la fonction de substitut contemporain de la technique de « production des hommes » (initiation) dans la société originaire.

La société des hommes ressemble sans doute à une basse-cour où, lorsque le coq donne un coup de bec à une poule, qui transmet l'énergie reçue à sa voisine qui, à défaut d'avoir une congénère dans le voisinage, est contrainte de piquer le sol pour se décharger de l'énergie perturbatrice.

Ainsi procèdent également les hommes dans le contexte social où celui qui subit la violence s'identifie à l'agresseur pour s'en décharger sur plus faible que lui, un chaînon de la concaténation étant à un « moment de grâce » remplacé par un support artistique grâce auquel un être investi par le Verbe émerge de la « clôture anale » et fait le Saut « humanogène » dans le champ de la métaphore : lieu où il est donné à l'homme de s'adonner à son obsession, la jouissance-destruction, sur le mode du faire-semblant.

Toutefois, il faut l'avouer, le fait de « boucaner » la jouissance en la déplaçant au plan de la métaphore en concoctant un gribouillis et le manipulant, ne comble pas l'être anal qui demeure nostalgique de la « jouissance du corps ». L'accomplissement humain postule la maitrise symbolique des pulsions anales au moyen de l'activité artistique créatrice de formes préverbales : éléments constituants du Langage.

Puisse la psychart-thérapie aider l'humanité à casser la compulsion à la répétition à l'origine des guerres toujours recommencées.

Le Langage aliéné et aliénant

Le langage, à l'origine de la structuration des hommes primitifs et de la création des premières sociétés d'homo sapiens, a fait son avènement avec les représentations pariétales grâce à la maîtrise des pulsions.

Sans doute, une mutation génétique s'est-elle opérée, qui a doté l'homme primitif d'un principe de structuration de ses pulsions et de tout ce qui constitue son milieu symbolique de vie.

Il en résulte qu'en tant que produits de la structuration des pulsions par le Verbe, celles-ci demeurent « sub-sumées » sous les formes préverbales. D'où l'aspect de tension surmontée que présente l' « art nègre », qui n'a rien à voir avec l'immobilité apollinienne des créations occidentales ce qui donne à penser qu'il y a eu une perte pendant le « passage de témoin ».

Tout se passe comme si les plasticiens gréco-romains avait fait économie de l'affrontement avec les pulsions (substituts humains des forces de la Nature) pour s'approprier le Langage ce produit de leur maitrise par l'être « mutant » porteur de Verbe. En s'adjugeant le Langage préexistant à leur arrivée dans la société (qu'ils n'ont pas créée) sans se soucier de son ancrage dans la maitrise des pulsions, les artistes gréco-romains ont fait la promotion de formes immobiles dont le principe créateur est l'imitation des formes de la Nature selon Aristote.

Ce que ne savait pas ce disciple de Platon en dissidence contre son maitre (qui faisait descendre le Langage de la reproduction des archétypes célestes) c'est que le Langage est le produit de l'activité de l'homme habité par le Verbe ouvreur qui permet à l'être graphiste de s'approprier la Nature qui n'existe pas sans sa médiation.tout au plus, Aristote pouvait-il dire que l'art grec est le résultat de l'adaptation idéalisée des créations pré-hellènes : égyptiennes et crétoises.

L'illusion épistémologique dont les conquérants aryens ont été victimes fut qu'on peut s'emparer des richesses et des créations d'une société en ignorant ses « fondamentaux », qu'on peut utiliser le Langage comme un vulgaire instrument, en faisant l'économie de l'affrontement avec les pulsions, de la maitrise symbolique de celles-ci, à l'origine de la création de formes préverbales, éléments constituants du « filet » du Langage. C'est ainsi qu'à se laisser aller au « délire de toute-puissance » et à refuser d'invoquer le Père pour qu'Il envoie son Verbe en médiation afin de féconder la Nature, les Barbares triomphants qui ont ignoré qu'elle est incontournable, ont basculé dans l'aliénation en s'emparant indûment du Langage produit de l'activité artistique (sous-tendue par le Verbe) des Kémites. L'Histoire à la manière du comportement pathologique est sous-tendue par la compulsion à la répétition « au-delà du principe du plaisir ». Si dérisoires soient-ils, on trouve toujours des bénéfices secondaires à la reproduction d'expériences malheureuses. On finit par sur-valoriser ces bénéfices secondaires comme des motivations volontaires pour se cacher le fait d'être entrainé par les pattes par la toute-puissance des évènements historiques.

C'est en se faisant passer pour l'agent de son histoire que, comme l'autruche, il évite de regarder son traumatisme en face. Ainsi le barbare, qui a basculé dans l'aliénation pour refuser d'affronter la nature pour qu'elle lui offre le Langage, instrument d'humanisation, reproduira toujours le processus d'évitement à la base de son aliénation. La compulsion à s'approprier indûment les richesses et des créations symboliques de celui qui invoque le Père et s'assujettit à œuvrer, avec le sous-tien du Verbe en collaboration avec la Nature, est la trame de l'Histoire des hommes. Hegel en a fait le principe de sa philosophie de l'Histoire sans dévoiler la mystification dont elle a besoin pour rectifier sa marche et avancer vers son accomplissement. L'Histoire doit cesser enfin de marcher sur la tête et se poser sur les pieds en remettant les choses à leur place. Qu'est-ce à dire ? Que l'enfant révolté qui refuse sa place d'enfant doit l'assumer afin d'entrer dans la voie du développement vraie et que le père « castré » et humilié doit retrouver sa dignité et sa fonction de guide pour que l'humanité humaine connaisse son accomplissement.

Le Projet initial de société

L'écriture est l'instrument de conservation et de transmission du capital culturel accumulé par le processus d'initiation.

Née en Egypte, l'écriture fut transmise aux Phéniciens (cousins des Egyptiens) auxquels les Barbares l'empruntèrent en ignorant le secret de sa genèse : l'activité créatrice de formes symboliques éléments du système du Langage.

L'écriture est donc le moment crucial du processus d'initiation que, pour empêcher sa profanation, les initiés égyptiens prirent soin de cacher aux non initiés.

Malheureusement, les invasions incessantes de la société des Pharaons eurent raison de la vigilance des « gardiens », et les intellectuels barbares prirent l'habitude d'abuser de l'expression écrite et de semer la confusion entre le savoir initiatique et son singe.

Ce qui prépara le terrain au « Renversement des valeurs » par lequel les idéologues de la période libéro-capitaliste proclameront unilatéralement que leur « race » est celle qui a créé la civilisation, après avoir pris soin de la falsifier de fond en comble, en la « blanchissant », selon la métaphore du Nommo Cheik Anta Diop.

Même les rejetons de la civilisation égyptienne que sont les sociétés sub-Sahariennes n'échappèrent pas à la fureur de ces « Chacals » qui, sous prétexte de faire comprendre et aimer (sic) les sauvages noirs, écumèrent leurs villages et leurs sanctuaires et firent main basse sur les supports sacrés de leurs systèmes symboliques (les masques et les statues) sans oublier de faire parler de gré ou sous menace les vénérables initiés !

C'est ici le lieu de dire que le pillage de l'Afrique noire ne s'est pas porté uniquement sur les objets d'art, comme on le fait croire, il s'est étendu à sa vision du monde, dionysiaque. Les mythes africains fécondèrent sans nul doute la conception de la vie occidentale et favorisèrent le surgissement des philosophies de l'existence. Au final, l'exportation des valeurs culturelles africaines, qui était censée susciter l'amour pour l'homme noir, culmina à l'exacerbation du racisme. On en vint à la conclusion selon laquelle les négro-africains sont des êtres inférieurs : des sous-hommes créés par Dieu pour servir les hommes supérieurs blancs !

La conséquence historique qui a résulté de la vulgarisation de la « chose écrite » est la transformation du Champ culturel en une « Poubelle » où, en dépit de la Censure, des hommes tentent d'exorciser leurs persécutions orales-anales consignées sur du papier.

Cette Poubelle servant de Matrice symbolique à la reproduction des êtres sociaux, il ne faut pas s'étonner que ceux-ci soient ce qu'ils sont, à savoir, les vecteurs humains des pathologies sociales. Comment

« s'en sortir » si les écrivains emblématiques s'avèrent les plus atteints ?

C'est en faisant croire à l'homme noir que sa libération viendra de l'appropriation de cette culture raciste, que ses ennemis espèrent l'aliéner pour l'éternité.

La priorité ne doit pas être aujourd'hui, dans ces périodes de Crise structurelle, le souci esthétique de concocter de « beaux textes », mais de commencer à « nettoyer les écuries d'Augias » c'est-à-dire la Poubelle de la culture qui enferme l'humanité dans la pulsion à la répétition des infamies de son passé.

En effet, ce ne sont pas uniquement les déchets des usines et de la consommation qui polluent le milieu de vie de l'être humain, mais également les produits de son activité écrite infiltrée de pulsions orales-anales non soumises à la maitrise symbolique.

A ce propos, interviewé, un écrivain de renom rapporte qu'il porte toujours dans sa serviette du papier et des stylos pour le cas où il serait saisi de la démangeaison d'écrire pour se libérer de ses démons.

Telle est la sanction infligée à l'humanité pour transgresser l'Interdit des Pères-fondateurs, selon lequel l'initiation (dont la psychart-thérapie est le substitut) est le passage incontournable qui permet de symboliser les pulsions et d'avoir accès à la société des hommes.

Car comme l'initiation antique, la psychart-thérapie a pour objectif de débarrasser l'homme « en souffrance » de l'ignorance originaire (le wazo des Bambaras), qui lui fait croire au mythe de la bisexualité, résultat de l'identification de l'enfant à sa mère, fondement du « narcissisme primaire ».

Il est intéressant de noter au passage que ce narcissisme primaire sacralisé, auquel s'accroche l'homme occidental pour « défendre » bec et ongle l'intégrité de son corps supposé menacé par la castration (symbolique), est en vérité le phantasme de la mère qui tire profit de l'état de fusion pour réparer l'« injustice » prétendue, d'être privée de pénis.

En définitive donc, l'homme narcissique réactif aux techniques d'initiation est un être sous l'influence d'une mère qui phantasme la possession du phallus. La personnalisation de l'enfant « fétichisé » va donc de pair avec celle de la mère phallique. C'est sans doute cette vérité initiatique que le poète Aragon exprime, à sa manière, quand il proclame : « éduquer une mère c'est éduquer une nation ».

On ne le dira jamais assez : « au commencement était l'initiation » gratifiée par la mère qui acquit la maitrise symbolique de la douleur résultant de l'amputation accidentelle de son clitoris (excision symbolique). C'est elle qui a fait émerger l'être humain de l'aliénation dans la Nature pour le constituer comme un « être social ». Ce qui autorise à dire que le péril actuel de régression qui menace la civilisation est imputable à l'état de captation des hommes pris en otage par les pulsions de « plus-de-jouir » et « profit maximum », faute de la médiation de mères symboliques respectueuses de la personnalité des enfants.

On se soucie et on parle de réchauffement climatique « à tout bout de champ » et on a raison. La conférence mondiale des chefs d'Etats sur ce grave problème a été une réussite et c'est une très bonne chose. Mais sait-on que l'origine de tous ces maux dont l'humanité souffre se trouve dans l'inconscient de l'Homme sous-tendu par le Désir de toute-puissance, et que c'est là où il faut chercher leurs solutions ?

D'où l'intérêt prioritaire de l'initiation qui, à faire la promotion de la détermination des sexes et leur collaboration harmonieuse, œuvre à la refondation de la civilisation qu'elle a créée, contrairement à la démarche qui consiste à légaliser le vieux mythe de la bisexualité vecteur de retour aux ténèbres et à la brutalité de la barbarie.

La notion de bisexualité ne se trouve que dans la culture négro-africaine. Elle a été postulée par le Père-fondateur, premier mutant, pour justifier la technique de détermination des sexes par l'ablation du prépuce et le clitoris.

Il a sans doute fallu beaucoup de temps d'observation des tentatives d'hommes pour constituer une vie sociale.

Il a fallu se rendre compte que les primitifs, portés sur la masturbation et la lutte pour la domination sexuelle, n'étaient pas « socialisables ». Qu'ils se comportaient comme des êtres indépendants et vivant en autarcie.

Il a fallu réaliser que le prépuce phantasmé comme vagin et le clitoris comme pénis faisaient obstacle au désir de relation sexuelle et sociale.

Telle fut sans doute l'origine de la conception et de la technique d'initiation : l'ablation symboliques de la satisfaction ces organes sexuels imaginaires, pour favoriser l'assomption des organes sexuels réels destinés à la satisfaction sexuelle dans le cadre social.

Du reste, cette prescription sociale est explicitement exprimée par le maitre d'initiation à l'impétrant : « désormais, tu n'auras plus recours à la masturbation pour te donner du plaisir. La société te l'interdit et exige que tu satisfasses tes désirs avec une partenaire consentante ».

C'est ainsi qu'avec la culture firent leur apparition les notions d'homme (porteur de pénis) et de femme (dotée de vagin). Et telle fut l'origine du couple cet élément de la vie familiale et cellule de la société.

La tradition initiatique nous enseigne que la culture, l'amitié entre les êtres de même sexe et les jeux sociaux ont été créés avec l'énergie « boucanée » qui résulte de l'ablation du prépuce et du clitoris. Autrement-dit la société postule un interdit qui limite la propension de l'Homme au « plus de jouir » et au « sur-profit ».

On est donc fondé à se demander si la volonté des Nations occidentales qui recommande à celles d'Afrique noire de renoncer à leur pratique sexuelle millénaire (basée sur l'hétérosexualité), et conditionne désormais l'« aide au développement » à leur politique de bienveillance à l'égard de l'homosexualité ne favorisera pas demain le triomphe des pulsions de mort, Les scrupules en valent la peine, compte tenu de l'enjeu.

La deuxième naissance de l'homme

Le fœtus est phantasmé par la mère primitive (qui n'est pas encore structurée par le système symbolique) comme le substitut de son manque : le phallus.

Le nouveau-né est donc nécessairement phantasmé par la mère primitive comme son phallus intérieur, extériorisé. C'est dire que du stade d'«objet hallucinatoire de désir» à sa mise au monde, en passant par la conception, l'enfant d'homme demeure sous la captation de l'imaginaire de la mère primitive, qui aspire à la complétude (toute-puissance). Il en résulte que le problème de la délivrance de l'enfant d'Homme s'identifie avec celui de la « castration » de la mère bisexuelle imaginaire : délivrer l'enfant de la captation de la mère, c'est infliger la castration symbolique à cette dernière. Tel est le problème périlleux auquel se trouve confronté le père qui aspire à assurer sa descendance. Celle-ci postule la capacité du père initiateur à médiatiser l'unité-duelle mère-enfant, et à opérer la rupture symbolique du cordon ombilical imaginaire.

Dans l'état de conflit-duel où se débat l'humanité actuelle (en souffrance), on est fondé à se demander si de tels pères, capables de médiation, existent. Bien qu'elle soit pénible à dire la vérité nous contraint à répondre par la négative : l'omniprésence de la mère toute-puissante ne permet pas l'existence d'un père médiateur. L'homme machiste (phallocrate) est en réalité le produit de désir de surcompenser sa castration.

Dans l'organisation sociale, tout se passe comme si le phallus du père avait été absorbé par la mère et transformé en fœtus (le phallus imaginaire de la mère).

La redoutable tâche assignée au « mal castré » qui refuse la soumission est donc la quête et la conquête du phallus du père aliéné dans le sein de la mère toute-puissante. Entreprise, ô combien périlleuse où redoutent de s'engager la plupart des pères qui, épouvantés, choisissent de livrer leurs enfants en sacrifice pour « sauver leur » peau ! On s'explique la fureur vindicative qui pousse ces zombies à infliger d'horribles exactions aux femmes, singulièrement aux mères. La « violence faite aux femmes » relève d'un comportement délirant par lequel celui croit avoir subi la castration, entre en révolte et se laisse aller aux pires exactions pour récupérer sa force vitale dont son phallus était le support.

La psychart-thérapie est la mise en pratique de l'intuition selon laquelle le champ de la métaphore (le support artistique) est le lieu approprié pour la quête du phallus du père : la voie de l'activité artistique.

Il est évident que l'option morale (inconsciente) qui a présidé à l'engagement de la psychart-thérapie de déplacer l'affrontement au plan de la métaphore est d'une part son refus de cautionner l'impitoyable « lutte pour la vie » qui sévit aussi dans la société des hommes, d'autre part de souscrire à l' « extinction du désir » que préconise le bouddhisme.

La particularité de la psychart-thérapie réside donc dans le déplacement de l'affrontement mère-enfant, sur le support artistique. C'est ainsi qu'elle substitue à l'affrontement armé, destructeur par essence l'affrontement symbolique, sans effusion de sang ni de perte en vies humaines. Ici, seuls sont destinés au gaspillage les matériaux de création (les cartons à dessin, les bâtons de pastel, les craies, etc...)

A l'origine de la deuxième phase, celle de l'activité créatrice, il est sans doute nécessaire de postuler la « visitation du Verbe » comme notion heuristique. En effet, le surgissement des embryons de formes signifiantes et leur identification ne s'explique pas sans l'activité du « Verbe ouvreur » au sein de la vaine agitation de la matière picturale sur le support artistique. N'est-ce pas la raison pour laquelle la période artistique de l'humanité a fait son apparition (et c'est toujours le cas), avec l'avènement des zirignons, des komians et des chamans , ces êtres « possédés » ?

Seule l'hypothèse heuristique de l'introduction du Verbe dans la matière picturale par ces derniers permet de rendre raison de l'émergence des formes préverbales et leur appropriation en vue de la constitution du Langage : produit de la « sécularisation » du Verbe.

C'est par l'épiphanie du Langage que l'homme primitif est gratifié d'une deuxième naissance qui le « sauve » du cycle infernal de la Nature en l'introduisant dans la société des hommes initiés.

La conscience de soi

La conscience de soi n'est pas d'emblée parfaite ni statique. Elle se manifeste d'abord sous forme de « vécu » fluctuant comme la flamme d'un lampe tempête dans le vent. Naissante, la conscience de soi est tremblotante et angoissée par la menace de s'éteindre. Elle n'existe que dans l'action, préoccupée par la volonté de se défendre.

C'est la volonté d'assurer sa perpétuation qui pousse la conscience de soi dans la Lutte pour la vie nourrie par l'angoisse de mort.

La sublimation est un moment crucial pour la volonté d'arracher son essence dont le reflet est la conscience de soi aux vicissitudes du monde.

Le champ de la métaphore où l'être en quête de l'abri inexpugnable, déplace la lutte pour la vie, est le lieu du « faire comme si ». Ici, c'est en faisant semblant et non pas en renonçant pour de bon, comme l'anachorète, que l'impétrant cherche à avoir le contrôle de ses pulsions et à les structurer en vue de conférer une forme sublimée à son être physique. Le « beau-reste » qui résulte de cette activité est la représentation symbolique à travers laquelle l'artiste-créateur appréhende son essence par l'intuition.

Mais rien n'arrête la fureur dévorante du prédateur qui poursuit ses proies jusque dans le « ciel de la culture ». Que de créateurs basculent dans le désespoir et dans l'aliénation, alors qu'ils croyaient entrer enfin dans le havre de la conscience de soi, en fuyant la tempête en haute mer.

Exposées au vol et au plagiat, les créations artistiques ne protègent pas le génie de l'impuissance à défendre ses beau-restes supports de son essence. Et c'est en luttant encore contre le vécu de castration, voire de nullité de son être, qu'il survit.

Tel est le fondement du phénomène de l'aliénation qui répand et impose l'illusion selon laquelle le « je » n'est rien et que la conscience de soi est une coquille vide. Une luciole au-dessus du « Trou universel ».

Mais en tirant les leçons de notre propre « voyage initiatique », nous nous autorisons à affirmer qu'il n'en est rien. Que l'essence du moi créateur existe dans l'éternité. Que la conscience de soi et la confiance en soi dans la foi profonde s'identifient.

La périssabilité des supports matériels (beaux-restes) n'entraîne pas ipso facto la nullité de l'essence du moi. Pour le créateur authentique vaine est la fureur de l'Autre à anéantir les essences éternelles.

L'initiation par la psychart-thérapie

Quand vous avez le malheur d'être affranchi de la servitude de la production capitaliste et qu'aucune activité ne vous attache à la société, vous êtes confronté à une expérience existentielle inouïe : celle de vous trouver devant la meute de vos pulsions « déchainées ». Alors vous êtes pris de panique et tenté de fuir ces esprits persécuteurs, soit en optant pour la solution qui consiste à vous révolter, ou pour celle de vous réfugier dans le « no-mans land » de la psychose.

En ce qui nous concerne notre décision se porta sur une activité occupationnelle : le « gribouillage » sur un support artistique, ce qui nous permit d'évacuer nos pulsions anales-sadiques et de restaurer l'homéostasie de notre organisme. S'adonner sur inspiration au gribouillage dans la solitude d'une chambre, n'est-ce pas en quelque sorte se retrouver par l'effet d'une régression « poussée », dans la peau de l'homme primitif taraudé par l'angoisse de mort qui fait de la « persévération » pour se cramponner à la vie qui fuit ? Le gribouillage, si dérisoire fût-il, s'avéra le « nœud <u>Ânkh</u>» qui nous rattacha à la vie primitive subsumée sous l'apparence de la vie dans le contexte de la civilisation. L'expérience d'« affranchi » ou d'étranger marginalisé, au lieu de nous basculer dans le no-man's land de la psychose, nous conduisit avec le sous-tien de l'imago de notre psychanalyste (mère symbolique), vers le monde souterrain des « ancêtres inégalables » où il nous fut donné de nous ressourcer et de revenir dans notre solitude pour approfondir notre expérience initiatique grâce à l'activité « psychart-thérapeutique » soutenue qui culmina à la refondation du Langage .

La pratique de la psychart-thérapie nous aura appris à nous « situer » dans la Forêt du monde grâce à l'édification du Pont symbolique (Langage) dont la fonction sacrée consiste à permettre de garder le contact permanent avec le monde des esprits.

Tout en faisant donc la navette entre les deux mondes, je ne peux m'empêcher d'avoir une pensée pieuse pour ces frères qui n'ont pas eu la même chance que moi (celle de passeur). Croyant que la solution au problème de l'exil européen de l'homme noir réside dans le « retour au pays natal », Amos et Panda n'hésitèrent pas à entreprendre le voyage à l'envers, Amos retourna au Ghana et Panda au Congo. Comme on le sait leur espoir fut déçu et ils furent mal accueillis par leurs compatriotes qui les prirent pour des colons « grimés » . Quant à Angelo Soliman, grand Maitre de la Maçonnerie et compagnon de Mozart, qui chercha l'insertion sociale par la voie de la « fraternité spirituelle », on sait qu'il finit empaillé et exposé comme le fut sa sœur Sud-Africaine, Saartjie Baartman la « vénus hottentote », à la curiosité des visiteurs dans un Musée d'Histoire Naturelle, « pour dette impayée ».

Ces tragédies peuvent s'expliquer par le fait que l' « être de langage » doté de la capacité de penser l'unité de l'Homme n'existe pas dans les sociétés sans initiation car c'est le maitre d'initiation qui en « injectant » le Verbe dans l' « être de pulsions » crée les conditions favorables à sa structuration sans laquelle le « sujet pensant » authentique ne saurait émerger.

C'est le lieu de dire que la médiation de l'activité artistique créatrice de formes préverbales constituants du Langage est incontournable à l'initiation « humanogène ».

Dans l'intérêt supérieur de l'humanité la réconciliation des frères ennemis (Noirs et Blancs) ne se fera que sous le parrainage des ancêtres communs dont Osiris est le représentant suprême !

Les traces en psychart-thérapie

Que faire de ces pulsions qui nous dévorent les entrailles comme le renard le fit au jeune spartiate ?

D'instinct (ou peut-être à l'appel lointain des ancêtres), l'homme perdu sur la Terre étrangère croit trouver son fondement qu'il cherche, à s'affronter avec un support artistique substitut, de la mère dévorante, aux fins d'arracher du sein de celle-ci, le phallus du Père qu'elle est censée avoir englouti.

Ayant choisi comme figure identificatoire le chacal, animal solitaire supposé être engagé dans la quête impénitente de son double, c'est avec la passion que lui prêtent les initiés dogon, que nous grattons creusons et manipulons le support enduit de matières picturales, équivalents symbolique des matières fécales (métaphore de la Terre-mère). Entreprise ô combien éprouvante, dont les commencements destructeurs sont consacrés plus à l'évacuation des pulsions sadiques qu'à la découverte des éléments constituants du « double-placentaire » recherché.

Toutefois, il est intéressant de savoir que cette phase initiale, apparemment ingrate, est celle qui, en gratifiant l'impétrant sous tension, d'une détente opportune, lui donne le sentiment de bénédiction et d'espoir, qui vont renforcer son ardeur à pousser plus avant l'activité de grattage, de fouille, de creusement, de manipulation du support représentant de la « grande dévoreuse », explorations qui, il va sans dire, exposent inéluctablement l'impétrant à la rencontre et à l'affrontement (victorieux) avec les créatures malfaisantes qu'elle abrite..

Il est d'importance capitale pour l'appréciation de ces « traces en psychart-thérapie »de savoir que leur production n'obéit pas à la même démarche que la création dans l'art classique occidental, qui fonctionnait sur le principe de l'inspection de l'objet pour aboutir à sa maitrise magistrale. Au contraire, c'est en étant centré sur le bouillonnement de sa vie intérieure que l'impétrant en psychart-thérapie projette (à son insu) des éléments de celle-ci dans le support, éléments que la « ruse de l'inconscient » a dispersés et enfouis dans la matière sublimée métaphore du ventre de la Grande dévoreuse.

C'est sans doute pourquoi l'impétrant lui-même est le premier surpris de voir que « ces surgissements de l'inconscient » présentent des ressemblances avec l'art des grottes préhistoriques. Réminiscence ou simple influence culturelle ? La question est posée !

Quant à nous, en homme de foi, avons la satisfaction de voir dans le défilé de ces formes préverbales, la figure glorieuse du Père ressuscitant, que nous n'avons de cesse d'appréhender, sans parvenir (heureusement) à la Connaissance.

Le destin de l'Homme en exil dans le monde n'est-il pas l'initiation sans fin ?

Table des matières